DISCRETO
AFETO

Eduardo de Campos Valadares

DISCRETO AFETO

Poesia
ILUMI//URAS

Copyright © *2016*
Eduardo de Campos Valadares

Copyright © *desta edição*
Editora Iluminuras Ltda.

Capa
Eder Cardoso / Iluminuras
sobre foto de Pascal Charrière

Revisão
Editora Iluminuras

CIP-BRASIL. CATALOGAÇÃO NA PUBLICAÇÃO
SINDICATO NACIONAL DOS EDITORES DE LIVROS, RJ

V232d

    Valadares, Eduardo de Campos
    Discreto afeto / Eduardo de Campos Valadares. - 1. ed. - São Paulo : Iluminuras, 2016.
    : il. ; 19 cm.

    ISBN 978-85-7321-528-1

    1. Poesia brasileira. I. Título.

16-35875   CDD: 869.1
                CDU: 821.134.3(81)-1

2016
EDITORA ILUMINURAS LTDA.
Rua Inácio Pereira da Rocha, 389
05432-011 - São Paulo - SP - Brasil
Tel. / Fax: 55 11 3031-6161
iluminuras@iluminuras.com.br
www.iluminuras.com.br

ÍNDICE

O DESPERTAR DO CORAÇÃO, 11
Discreto afeto, anônima afeição, 12

RESÍDUO DE REINVENÇÃO

Ser vestido de corpo, 15
Poesia seminal, 16
Quero ser, 17
Admito, fui um homem ausente, 18
Quando explodiu, 19
Se um dia você se encontrar, 20
Amor, 21
Casa viva, 22
Biografia de um bilionário, 23
Poema urbano, 24
Não devo devassar sua dor contida, 25
Quando abro a caixa de Pandora, 26
Nenhum moinho do mundo, 27
É crível desconstruir o mundo, 28
Ilha minúscula, 29
Isenta de impotência e complacência, 30
Marília imaginária, 31
Metamorfose poética, 32

Fim do dia, 33
Após longa gestação, 34
Meu nome tem sete letras, 35
Insaciável, secou-me por dentro, 36
Agora foi certeiro, 37
Ruptura, 38
Terra Incógnita, 39
Instantânea reinvenção, 40
Do inacessível cume ao insondável abismo, 41
Em todo o mundo, 42
O Sol surge no horizonte, 43
Permaneço em incerto emocional deserto, 44
Escalar escarpas íngremes, 45
Expandi as paredes e o teto de minha casa, 46
Estou prestes a ultrapassar, 47
Eis-me arqueólogo, 48
A maçã reluzia e me apetecia, 49
Você adubou o deserto incerto, 50
Sinto em toda parte, 51
Vaidade, orgulho, malícia, 52
Experimente refazer, 53
O seu olhar profundo, 54
Tornei-me muito mais íntimo, 55
Fumegante ilha vulcânica, 56
Morte, 57

INFAME AFEIÇÃO

Principias a vislumbrar quem sou, 61
Jamais colado, 62
Estou à espera, 63

Resistível tentação, 64
Limiar, 65
Se eu te abraçar, 66
Moro em passos imprevisíveis, 67
Silêncio, solidão, 68
Sondo incontido desejo, 69
Cabe-me apenas intuir, 70
Sou restaurador, 71
A minha foto, 72
Encontro possível, 73
Diálogo virtual, 74
Buscas um homem, 75
Encontro desmarcado, 76
O dia se desfaz, 77
Contemplo a paisagem emocional, 78
Busco a mais infame afeição, 79

SINTÉTICA EMOÇÃO

Maker de emoções, 83
Ecodesign do afeto, 84
Coração de aluguel, 85
O que vale a pena clonar?, 86
Sintética emoção, 87
Esterilizo o meu coração, 88
Brinco de clonar, 89
Busco o gene da emoção, 90
Quero entender a sua ética emocional, 91
Identifico uma nova mutação da ilusão, 92
Emotional Canvas, 93
Busco no mínimo, 94

POEMAS CUBANOS

Amor e Desencanto, 97
Fiz uma cultura de emoções, 98
Tentei apagar, 99
Algo corrompeu a alegria, 100
Serei capaz, 101
Quando percebi, 102
Dois sonâmbulos, 103
Quanta coisa enterrada, 104
Amor de aluguel, 105
E agora..., 106

MISCELÂNEA

Exibe todas suas faces, 109
Breviário de mal-entendidos, 110
Amor peçonhento, 111
Ulisses aporta no presente, 112
Inacabada construção, 113
Sedução, 114
Amor insepulto, 115
Recomeço, 116

A meus tesouros

Felix, Elisa e Sofia

A Beatriz Costa e Samuel Leon

O DESPERTAR DO CORAÇÃO

Eduardo de Campos Valadares

Século XXI, aguda ruptura. Simulacro de vida ancorado no desenho da pulsação sintética, na genômica, em inovadores ambientes artificiais, infinitas oportunidades de explorar o infinitamente pequeno e o infinitamente grande vazio existencial. Some-se a isto o caos viral das mensagens digitais na hora incerta, encontros e desencontros virtuais, o mapeamento crispado da paisagem emocional, sentimentos insuspeitos afeitos ao acaso. Senti o coração bater mais forte ao me permitir a insólita invasão da emoção. A sensualidade da dança, portal dos labirintos da alma humana: o olhar, sorrisos, gestos, silêncio. Tentar desvelá-lo inspirou-me o reverso do verso. Ao cloná-lo e trazê-lo para dentro de mim, sublimei emoções, diálogo diáfano mediado pela imprecisão do outro. Sentimentos reprimidos, rejeição, sujeição sucumbiram à ousadia e à coragem. Desfiz-me peremptoriamente do insaciável, insondável e insidioso medo. A vida tornou-se umbilicalmente ligada à imaginação. Desperta, atenta, aberta e incontida a captar o essencial ruído residual. Assim forjei este sintético dialeto poético. Avancei passo a passo, como se bailasse com a poesia.

Discreto afeto, anônima afeição

Por que tanto receio do amor?
Por que esta aversão
Ao diálogo profundo?
Sou poesia
Suave brisa, cálido bálsamo...
Te intuo carinho
Delicado perfume, sorriso iluminado.

RESÍDUO DE REINVENÇÃO

Ser vestido de corpo
Afável inefável
Distante, próxima
Inata incerteza
Insensível união de amantes
Insólito arremesso
Incerto endereço
Truísmo puído
Destituído ruído
Improvável adereço.

Poesia seminal
Coleta chuva: respingos de sentimentos
Neve: a inacessível frieza do mundo
Lagos represados:
Pressentimentos

Afluente do ser
Ora rio a perecer
Ora caudaloso espanto
Emoção oceânica
Incontido uivo humano.

Quero ser

Brisa que desperta o mundo
Do seu sono profundo.

Perfume delicado de exuberantes prados
Terra fértil de onde emergem emoções.

Antídoto para indiferença, ódio, desamor...
Jardim de uma só flor: o amor

Relva que recobre o egoismo
Musgo que oculta o narcisismo.

Suor, lágrima, saliva...
Sede insaciável.

Sombra, silêncio, ausência
Dúvida, mistério, essência.

Admito, fui um homem ausente
Perdido em labirintos
Feitos silêncio e solidão.

Não tive como escapar
E me ocupar
Do que havia de mais premente entre nós.

Agora presente
Na ausência onipresente
Sou diluída ilusão.

Quando explodiu
Instantaneamente sua luz me cegou
E o seu calor me sublimou.
Sua onda de choque
Varreu tudo o que havia em mim
Pondo fim a todo mofo, a todo lodo, a todo entulho
Reduzindo-me a mero ruído.
Sem desmerecer o seu intento
E para seu contento
Este novo ser que agora sou
Para se perceber
Traz em si uma estrela.

Se um dia você se encontrar
Em uma estrada sem começo nem fim
Sem árvores, relva, montes, rios
Sem estrelas, sem céu sequer
Se você estiver num barquinho
Em meio a ondas gigantes
E só vislumbrar o fundo do mar
Ou se ver num vulcão prestes
A uma violenta erupção ou no auge
de um terremoto
E não puder fugir dali
Ou sentir vertigens ao despencar das alturas
Ou ainda se for alvo de um meteorito
E se tudo isso não afetar mais ninguém
Eu estarei lá junto de você
Nada do que parece fatal
Não lhe fará nenhum mal.
Flutuaremos ilesos
Como saída para a vida.
Eu prometo.

Amor

Delicado e terno
Desconhece o medo e a solidão
Brigas ou jogos de poder
Imune à sedução ou à coação
Permeia a vida sem a pretensão
De compreender todos os seus mistérios
Quando sorrio dele me sinto próximo
E se estou triste
Sinto-o ainda mais próximo.
Intenso e sutil
Não tem superfície nem fundo
Acaricia a face do mundo
E torna-se ainda melhor
Quando renasce
Diálogo, mútuo carinho.

Casa viva

Se for entrar
Em minha vida
Use a porta da frente
A dos fundos está interditada.
Meu estado é ainda precário
Na casa falta luz e o piso foi removido.
Recebo sua visita comovido.
Prepare-se para uma vida em reformas
Pretendo redimensionar cada quarto
A sala e a cozinha.
Ainda há tempo para palpites
Faltam desvãos descobertos
E acessos a serem abertos.
O teto será refeito
Novas colunas e vigas
Darão sustentação
À minha vida.
São bem-vindas boas ideias.
Não se detenha em detalhes
Agora só o essencial importa
Incluindo a manutenção
Como forma de prevenção.
Quero viver muito bem
Na casa reconstruída.
Podemos nela morar juntos
E chamá-la de nossa vida.

Biografia de um bilionário

Nasceu só, morreu só.
Passou a infância sem pai
E a adolescência também
Amargou fracassos
Fez fortuna
Surpreendeu o mundo
Ao atingir o ápice.
Vieram os reveses
Conheceu o fundo do poço.
Não teve sócios, apenas comparsas
Protagonistas de inúmeras farsas.
Foi marido, pai e amante ausente
Não plantou uma única semente
Não teve tempo
De amar a vida.

Poema urbano

A inspiração me visita
Antes do alvorecer
E como poesia
Revisita-me à luz do dia:
Buzinar neurótico
Trânsito caótico
Aceno mendigo
Olhar amigo
Sorriso de criança
Denso e vago
Delicado afago.

A Friederike

Não devo devassar sua dor contida
Nem me negar seu amor pela vida
Amo seu mistério, seu silêncio, sua ausência
Quero agora amar sua essência:
Seu sorriso, seus gestos suaves, sua palavra amiga
Afeição e carinho que nos liga.
Quero celebrar cada instante
Seja onde for, aqui, lá fora, aonde estiver agora
E alcançar seu ser sem nele permanecer
Ao dançar com ele uma dança sem par
Abraçando-o como quem abraça o vento
Ao acariciar isento um novo alento.

Quando abro a caixa de Pandora
Das famílias humanas
Descubro surpreso
Somos tão diferentes!
O que para uns é valor
Para outros é dissabor
Ou ruído que será esquecido.
Uns vivem o momento, sem o pressentimento
Que amanhã ele será pó.
Outros buscam algo mais profundo
Que nem o tempo
É capaz de corroer ou socorrer.
E, no entanto, existe amor entre nós.
O carinho mútuo
Faz ninho em nossos corações
Não importa o porte de nossas árvores.
Ao viver essas contradições
Busco sedimentar sentimentos
Sem constrangimento ou adiamento.
E ainda que ame a esmo
Quero ser fiel a mim mesmo.

Nenhum moinho do mundo
É capaz de triturar meu ser
Reduzido a mera iluminação de fundo.
Seu vazio guarda todos os vazios
Seu silêncio todos os silêncios.
Abriga outros seres
Contem amor e desamor
Alegrias, tristezas, indomável dor.
Recebe dádivas, insultos
Gratidão, indiferença
Sem proferir uma única sentença.
Nem rico nem pobre
Ausente ou presente
Surdo ou mudo
Ouvinte ou falante
Sequer cego ou vidente
Nele tudo é evidente.

É crível desconstruir o mundo
Sem destruí-lo?
É viável reinventar o ser
Sem se perder?
É admissível o desdém
Para se amar alguém?
É passível o impossível
De tornar-se acessível?
Como, afinal, pagar algo impagável?
E afiançar o inafiançável?
Como prever o imprevisível?
Ou perceber o imperceptível?
Por que ouso indagar tanto
Sendo a vida mistério e espanto?

Ilha minúscula
Cápsulas, comprimidos, relógios, sacolas, garrafas
Lanternas, fraldas, tendas, pentes, tubos
Assaltam a fina praia
E a fama da alma planetária
Próximo do patamar de pária.
Como será o futuro:
Lodo ou reinvenção do todo?

Isenta de impotência e complacência
A multiplicar e rejuvenescer
A chuva tece e apetece
Vorazes formigas.
Depilam copas inteiras
E ei-las de novo completas
Repletas de galhos
Agasalhados de verde.
O mato cresce e resplandece
No mesmo compasso
Atraindo em sua reinvenção do espaço
Cor, zumbido, feérico pulsar.
Capturo com o olhar
Tucanos, bandos de periquitos
Em busca do seminal
Silêncio
Aragem suave
Para além da vida.

Marília imaginária

Vejo seu Animus à janela do tempo
A sorrir para minha Anima.
Trocamos acenos como se fôssemos
Há muito íntimos
Numa nova era
Mulher primeva
Sem os grilhões do mundo virtual
Que aliena o ser real.
No seu aceno cabe tudo
Afeição, enigma, vida.
No meu cabe um verso
Abrigo do ser ao reverso.
Mulher e Homem principiarão
Uma união de mistérios
Sem a pretensão de tragá-los
Mas tão-somente de aceitá-los
Como destino.

Metamorfose poética

O poeta que existe em mim
Nasceu muito antes do fim
Da minha infância
Nela plantou seu casulo
De pulo em pulo
Saltou para a vida
E nessa ida descobriu-se
Lagarta apalpando espinhos
Sentindo o próprio veneno
E a dor inevitável.
Súbito, a rosa cinza
Com pétalas de espinho
Virou rosa azul que à toa voa
No espaço que me povoa.
Nomeei-a sinceridade
E para não ficar sem par
E tornar-se recife polar
Que faz naufragar a essência
Renomeei-a felicidade, sabedoria, paciência
Para que em qualquer idade
Alcance a serenidade.

Fim do dia
Estou prestes a dormir
Qual o meu destino?
Desfazer-se de mim, para além do meu ser?
Que territórios irei explorar, que gentes lá irei
encontrar?
E quando retornar dessa jornada incógnita
O que haverei de trazer? Sonhos, visões, vozes?
Tento adivinhar algo que jamais saberei
Sem mergulhar nesse mar noturno
Ciente do pesadelo que pode vir a ser.
Quando o cansaço toma conta de mim
Laço o meu ser e o levo comigo
Rumo a esse imponderável rincão
Reclusa ponte entre o hoje e o amanhã.

Após longa gestação
Sinto a contração do mundo
Expulsando-me do seu útero
Onde por séculos
Fui alimentado com rios, oceanos
Sol e ar poluído
Vi meu corpo poético sendo formado
Senti o bater acelerado do coração
E a vida nele se instalar como emoção.
Num verso, comovido, saí para fora
Do reverso do meu ser mais remoto.
O mundo cá fora, ao contrário de lá dentro,
É escuro e estranho
Como se ainda por ser concebido.
Rios, vales, montanhas, planícies
São mera especulação do espaço
Atávico traço, sinal seminal
Desencadear da semente.
Cataclismos, ondas gigantes, maremotos, tsunamis
Se convertem em convulsão mítica:
A Terra revela sua face apocalíptica.
Contemplo Gaia em reinvenção
Em busca de vida no seu limiar
Que o mundo há de abrigar
Quando, enfim, aliviado
Renascer iluminado.

Meu nome tem sete letras
Nele cabe um dado, um dardo
Um ou, um de, o ar, um lar
E uma ode ao eu
Em meu nome completo
Convivem vale, campos, ares e mares
E até você sem acento!
Ao reverso
Abriga dado, mapa, casa, sapo,
Poda, roda, mala, sopa, uma soma
E rara verdade: uma dose de dor
O ser.

Insaciável, secou-me por dentro
Devorou meu medo, mero arremedo
Convertendo dor em alegria
Portal de ambíguo universo
Quase perfeito defeito...
Visceral amor imperfeito.

Agora foi certeiro
Místico corneteiro
Olhar aguçado
Águia a circular no cio
O meu coração vazio
O poeta distante anuncia:
Uma chama será acesa
Na escuridão do teu caminho
Vertigem, águia, ninho
Aguardam a minha chegada
Agora sei o rumo
Não haverá atraso, presumo
Eis-me compasso
Estrela no espaço
Nítido assovio
Sinais de minha hora...
Já me anuncio
Chego enfim sem demora.
Meu coração descoberto
Ei-lo todo desperto
Coberto de flores
Povoado de amores
Serei feliz
Por um triz!

Ruptura
A poesia
Ruma a um verso
Fura no escuro
O futuro
Intensão de luz
Fugaz ficção.

Terra Incógnita

Fora do mapa-múndi
Recôndito coração.
Sem lei, conflito, povo aflito.
Sem fome, doença, miséria
Vive rente
Ao mundo moribundo.

Instantânea reinvenção

Rastro de luz
Noite comprimida no tempo e no espaço
Coalesce o dia, não mais nasce e renasce
Como se um trilhão de sóis o iluminasse.

O coração dispara freneticamente
Versos se multiplicam instantaneamente
Recobrem planície, encosta e vale profundo
Com um colorido único no mundo.

Do inacessível cume ao insondável abismo
Resvalam em revezes
Inveja, suspeita, cinismo:
A dor dilacerante, eco distante
Flerta com o derradeiro fim
O amor desfigurado
Acossado por letal sinceridade
Limiar da maior das ofensas, a indiferença
A se aninhar no âmago do ser.

Em todo o mundo
O número de cães humanizados
Excede em muito o de humanos canonizados.
Por que essa discrepância?
Porque eles gostam de ossos
Anais de nossos funerais?
Ou porque os cães são nossos melhores amigos
E os humanos nossos piores inimigos?
Deveria ser assim?
Somos tão desiguais
E ao mesmo tempo tão iguais
No amor, no ódio, no medo
Na atávica animalidade
Que nos afasta de nós mesmos.

O Sol surge no horizonte
Coração em plena expansão
Deslumbrante
Cálida semente
A inundar o espaço de luz.

Permaneço em incerto emocional deserto
Prisioneiro de íntimos conflitos.
Serei eternamente o ser de si ausente?
Encontrarei o amor ao acaso
Já exausto e quase extinto porto
Onde ele irá, enfim, aportar
Quando eu menos esperar?
Nesse território escuso e nebuloso
É onde levito e me evito
Como fantasia fabulosa
Fuga impossível
Encontro improvável.

Escalar escarpas íngremes
Adentrar vulcão prestes à erupção
Sentir vertigem rente ao abissal abismo
E descontrole na queda fatal
Escorregar ininterruptamente em rochas lisas
Debater-se na turbulenta correnteza
Ferir-se em espinhos e pedras cortantes
Afogar-se no oceano imenso
Ser escuridão, vazio, dúvida
Mover com lentidão sem rumo
Em território ermo e frio
E, enfim, o encontro
Sereno e suave.

Expandi as paredes e o teto de minha casa
Que passou a ter dimensões planetárias
No nascente e poente
Uma tira vermelha a decora.
O teto é o céu
E o dia e a noite
Revelam cômodos mutantes.
Das janelas vejo o Sol e suas estrelas vizinhas
Para ver mais longe concebo um verso
E eis-me nos confins do universo.
O piso é de terra e suas várias piscinas
São lagos, mares e oceanos.
O chuveiro é a chuva
O ar-condicionado foi dispensado
E o jardim compreende
Planícies, montanhas, vales e desertos.
Divido a casa com toda a humanidade
Seus moradores não têm limite de idade
Falamos todas as línguas
E nossa cozinha versátil
Satisfaz todos os gostos.
Meu novo lar não tem dono.
Será fácil localizá-lo
Caso queira visitá-lo:
Planeta Terra, Sistema Solar
Via Láctea, Grupo Local, Universo.

Estou prestes a ultrapassar
Os limites imprecisos do amor
E seus mórbidos miasmas.
Que Terra Incógnita é essa
Para além dos caprichos humanos?
Qual será o seu clima emocional?
Eis a minha aposta:
Existe algo maior que o universo
O ainda inexplorado espiritual verso.
Nossos sentimentos não conseguem captá-lo
O que sentimos serve apenas
Para vestir emocionalmente
Seres complicados como nós.
E os iluminados?
O que eles sentem afinal
Se é que sentem
O que nós supomos sentir?
Quando cruzar
A derradeira barreira
Não vou olhar para trás.
O que vem pela frente é semente
Só o coração pode antecipar.

Eis-me arqueólogo
Removo toneladas de entulhos
Que me sepultam a alma
Durante milhares de anos
Acumulados formando
Eclética e espessa camada
De sentimentos petrificados
Tornando o essencial do ser
Algo incompreensível e inacessível.
Cuido de manter intactas
Colunas de templos construídos
Muito antes do impulso
Para este mundo convulso.
Com paciência decifro códigos
E mistérios, cujas origens
Nem consigo imaginar.
Um altar, uma pira, um pórtico
Portal de uma existência pregressa
São vestígios presentes
No passado não ultrapassado.
Quem terei sido nesse tempo longínquo
Sepultado no próprio tempo?
E por debaixo das colunas desses templos
Que outros enigmas me espreitam
Esperando que eu os devolva à luz do dia?
Encontrarei neles, afinal, novos indícios
Do ser que um dia ousou
Ir além do vir a ser?

A maçã reluzia e me apetecia
Ao cortá-la percebi seu núcleo podre
Comi as partes boas
E pensei nas pessoas
Que reluzem por fora
E até certo ponto são boas
Mas chega uma hora
Em que o seu núcleo mais profundo
Revela-se imundo.
O que fazer
Se ele não apetecer?
Jogá-lo fora? Engoli-lo?
Tentar entendê-lo?
Como decidir
O que mereço sentir?

Você adubou o deserto incerto
Entornou música no meu coração
Plantou uma semente somente
E dela surgiu uma floresta.
Um grão de dor
É tudo que resta
Da minha antiga solidão.

Sinto em toda parte
Incontido formigar poético
Se escuto um fonema
Eis o poema.
Em casa, até os cachorros
Farejam poesia.
No resto do mundo
Inspiraram-me bilhões
O mistério eterno:
Intenso e sutil
Ei-lo ingente e gentil.

Vaidade, orgulho, malícia
Lógica ilógica paralógica
Patologia da alma
Prestes a sair de si mesma
Por falta de substância
Que a mantenha coesa e íntegra.
Qual antídoto para a antítese do amor
Poderá curar esse ser em coma?
Vai, a idade fará ele pensar duas, três, n vezes.
O galho quebrado do orgulho
Revelará sua ruptura com a vida
E o Mal que alicia não terá perícia
Para esconder o ser falso.
Ele próprio constrói o cadafalso.
E depois de tudo isso
A Morte fará o acerto final.

Experimente refazer
O que já nasce novo
Torne ainda mais denso
O que é incompressível e essencial.
Que tal reinventar a vida e a morte
Sem comprometer a sua sorte
E extrair de si
A quintessência do ser
Sem destruí-lo ou mutilá-lo?
Tente redimensionar o medo, a solidão, o vazio
Sem neles se converter.
Tente tudo
Menos acabar com o amor
Por todo o amor
Que sinto por você.

O seu olhar profundo
Perscruta-me a fundo
Como passarinho que flerta furtivo
Com o coração alheio.
Bica a alma
Como se ela fosse
Finos fragmentos
De sortidos sentimentos.
Sobrevoa o coração
E lá do alto, quase em vão
Seu trinado triste
Insiste em comover
Meu ser a entrever
A dor transmudada
Em trajeto de amor.
Devo resgatá-lo e refazê-lo?
Torná-lo mensageiro
Do derradeiro adeus
Como se o meu mistério
Fosse seu também?

Tornei-me muito mais íntimo
De sua ausência e do seu silêncio
Do que de sua presença.
Surpreendo-me quando está perto
Esfinge viva em insólito deserto.
Estranha essa sensação de amar
Alguém que se acanha
Embora nunca perca a esperança
Que avança de dentro para fora
Como se estivesse pronta
E prestes a renascer de novo.

Fumegante ilha vulcânica
Inebriante criação titânica
Ainda abrigará ninhos
Flores, aromas e pinhos.
Seu abrasante magma
Afastará o ser insano
Que vaga o oceano.
A brisa e a solidão
Serão bálsamos e o silêncio
Sensível e reticente
A tornará menos incandescente.
E quando a rocha úmida a adornar
À ela a vida irá, enfim, aportar.
O vento cálido trará sementes
E o mar garras e dentes.
Permanecerá indigente contingente
Até a escolher como destino
O par de além-mar
Prenhe do amor clandestino.

Morte

Tão irreal
E tão absurdamente real
Frágil e acanhada
Quase sempre renegada
Nos consome
Não importa o nome
Chama estilingue
Que em nós se extingue.
Silenciosamente a amamos
E aliciamos
A dor maior
E ainda maior:
O ruído residual.

INFAME AFEIÇÃO

Principias a vislumbrar quem sou:
Uma estrada deserta
Névoa incerta
Salpicada de vultos ocultos.
Também começo a perceber-te
Imaginária constelação
Emoção em convulsão
Barro solitário
Breu e brio
Ébrio enigma.

Jamais colado
Copo estilhaçado
Caco impregnado
Do corpo que fora copo.

Surdo olvido
Silêncio subtraído
Verbo dissolvido
Enrustido ruído.

Vazio esvaziado
Coração dilacerado
Agora se preenche
Sem nunca transbordar.

Estou à espera
É como se vislumbrasse
A brisa que sopra da praia
As cálidas ondas
Que vem e vão
E apagam o passado
Escrito na areia.
Pressinto
O meu desnudar
No âmago o consinto
Sem jamais me desvelar.

Resistível tentação

A voz suave
Emoção delineada, insinuada
O sorriso inocente, o olhar oblíquo
Desencontro de sensações indomáveis
Diálogo invisível, subliminar?
Carência que trai
E do ser distrai?

Limiar

Olhares se afagam
Palavras se inibem
Desejos se fundem.
Por um fio, o desafio
Seres do corpo se despem
Afinam a afeição
Rompem a tensão
Hiato do amor
Limiar da dor.

Se eu te abraçar
Do jeito que é só meu
Vais pensar que sou só teu.
E se eu me perder
E enfim, não mais perceber
Nenhum vestígio de mim?..
E se alguém nos tirar um do outro
Labirinto de afeição e instinto
Algo que apenas pressinto
Misto de amor e imaginação?
O que fazer?
Vais te arrepender?

A Paul Celan

Moro em passos imprevisíveis
Rumo à improvável casa.
Estranho, não me acanho:
Percorro o ser
Sem a ele me ater.

Silêncio, solidão
Povoam a imaginação.
Caminho, praia
Horizonte
Incerto mar aberto
Brisa a acariciar
Onda a abraçar
Com ímpeto selvagem.

Sondo incontido desejo
Nada me impede de avançar
Nesse mundo descampado
Paisagem inóspita
Razão emudecida
Avalanche de miragens.
Galopas num corcel alado
E me fazes refém da imaginação.
Que queres, ser indomável?
Tornar minhas entranhas
Néctar para tua insaciável sede?

Cabe-me apenas intuir
A aura dos sentimentos
Região rarefeita
Para além da emoção
Paixão desfeita
Elo delicado
Perfume iluminado.

Sou restaurador
De corações partidos.
No início desconhecia
Os segredos do coração.
Por que ele se parte?
Como colar suas partes?
Restaurado, abriga sentimentos?
É uma operação delicada
Ninguém garante sucesso.
Só o tempo dirá.
Meu coração concertado
Demonstra de modo contundente
É possível amar
Da forma mais abrangente.
Queres colocá-lo à prova?
Ei-lo afiado a desafiar-te!

A minha foto
Foi perdida
Junto com o meu rosto
No rastro da vida.
Me pedem a toda hora
Uma nova foto
Um rosto plausível.
O que deveria apresentar?
Um sorriso, um olhar insinuante...
Seria isso atenuante
Para a foto ausente?
Não consigo negar
Seria tão bom restaurar
O semblante distante
O sorriso inibido
O olhar distraído
Traído pelo tempo, esse algoz veloz
Que nos deixa a sós e sem voz.

Encontro possível

Nosso encontro inevitável
É desencontro.
Teu ser orbita uma estrela
E o meu outra dimensão.
Busco um par para dançar
E desconheces o passo básico.
O tempo avança e nos separa
Da vida atribulada não sobra nada.
Serão amor e afeto sempre virtuais?
Jamais serão reais?
Nossos dialetos só tem em comum
Uma palavra:
Adeus.

Diálogo virtual

Éramos até há pouco
Estranhos um ao outro
Vencida a timidez
Algumas frases e eis um sentimento
Que abre janelas em nossos corações:
Que rumo tomar?
Temos de nos encontrar!
Sim! Algum dia...
Vamos passear, dançar
Celebrar a vida juntos.
Quando esse dia virá
Nunca saberemos.

Buscas um homem
Leal, honesto, companheiro
Que tenha cor e cheiro
Em viagens seja agradável
Além de divertido e cavalheiro.
Em troca ofereces
O silêncio
Como expressão de afeto
E a tua ausência
Como referência.

Encontro desmarcado
Eis-me impregnado
Da ausência.
Ação, a cor do coração
Recato, silêncio
Consumam inusitado fato
Misto de dádiva e dúvida.

O dia se desfaz
Sem comoção.
Migalhas de afeto
Se espalham por toda parte
E tu as lambe
Com o ímpeto selvagem
De alguém prestes à inanição.
De que adianta o prazer em abundância?
Haverá nele um amor oculto
Ou apenas um vulto
Sombra do ser a desvanecer-se?

Contemplo a paisagem emocional
Do universo humano
Enquanto perfuro poços profundos
Em águas rasas
Na esperança de extrair
A essência do perfume da vida
E talvez ouro do solo férreo.
Nas planícies diviso
Manadas no cio
E aqui e acolá
Indícios de afeto.
Atuo em uma e outra cena
Que nesse território se encena
E ao final me despeço
Mais rico em desapego e aconchego.

Busco a mais infame afeição
Onde posso encontrá-la?
Nos confins do mundo
No meu coração?
No silêncio, na ausência
Na solidão da multidão?
Busco com tanta obstinação
Nada me detém
Nem mesmo o medo
Abala a minha determinação.
Existirá ela afinal
Nos defeitos humanos
Nas supostas virtudes
Na alegria, na dor
Na coragem, na verdade
Ou na sua contraparte, inconsistente
Parcial e displicente?
Vasculho cada depósito
Com o mesmo propósito
De encontrar indícios
Do insuspeito infame sentimento
E acabo sempre desfeito:
Sou apenas humano

SINTÉTICA EMOÇÃO

Maker de emoções

Eis-me inovação emocional
Ambiente aberto a todos
Que queiram criar, fazer, testar
Coisas do coração:
Emoções sintéticas
Paixões cibernéticas
Um sentir não convencional.
Soldo sentimentos contraditórios
Usino insólitas sensações
Invento artefatos de afetos
E os imprimo em quatro dimensões:
Corações pulsantes que exalam
Sutil ruptura, emoção futura
Sem qualquer traço de remorso.

Ecodesign do afeto

Concebo a emoção reciclável
Compatível
Com a vida útil
De nossos seres
Biodegradáveis.
Findo um ciclo
Não deixa marcas
Do desgaste do tempo
Renova-se
A cada novo amor.
Na essência
É reengenharia do afeto
Nova métrica do coração.
Sensibilidades ousadas
Já estão antenadas
A esse nicho virgem
Sem vestígios de abraços
Ou enlace de mãos.

Coração de aluguel

Sintetizo em meu coração
Uma overdose de emoções
São tantas e a mim bastam
Tão poucas
Decidi disponibilizá-las
A quem não as tem
Ou as desconhece.
Em meu coração de aluguel
Incubo paixões alheias
Demasiado fortes
Para corações mais sensíveis
Alérgicos a ilusões.
Amo seres que nunca encontrarei
Exceto, talvez, virtualmente.
Mantenho reservatórios
Do volátil amor líquido
Entrego afeição
Sob medida.
Sou apenas operário
Da sintética emoção
Refém de crescentes demandas
Imune ao amor verdadeiro.

O que vale a pena clonar?
O ser minúsculo
Opúsculo sem expressão
Ou o ser essencial
Repleto de emoção?

Sintética emoção

Mantenho um estoque
De emoções improváveis
No congelador
Para posterior manipulação.
Junto pedaços
Elimino redundâncias
Deixando apenas
O essencial para amar.
Desovo cada novo sentimento
Nas esquinas da vida.
Sinto o pulsar da emoção sintética
Livre de qualquer impureza
E descubro surpreso
Que ela não funciona.
Refaço a minha síntese
Testo-a um milhão de vezes
E sem alcançar a minha meta
Entrego-me ao que me resta
De genuína emoção humana.

Esterilizo o meu coração
Elimino todo traço
De mórbida emoção
Pedaços fétidos de sentimentos
Partes necrosadas de silêncio e solidão
Removo o que posso
Incinero tudo sem gerar poluição
Meu coração bem mais leve
Abriga agora a mais doce ilusão:
Uma paixão delicada
Serena e suave
O único vestígio
De dor sem expressão.

Brinco de clonar
O corpo é o mais fácil
Dou apenas retoques
Torno-o esbelto
Os lábios sensuais
Os olhos: verdes e azuis
O rosto mais simétrico
À prova do tempo.
Adiciono mechas aos cabelos lisos
Que nunca ficarão brancos.
É um desafio maior
Extrair a dissimulação do olhar
Os pensamentos ambíguos
A sensação de insegurança
Ante as incertezas da vida.
Tento clonar algo ainda mais difícil:
A morte tranquila e silenciosa
Retiro dela todo traço de dor
Desativo parte da memória
Para que não exista mais história
E baste apenas
Viver o presente.

Busco o gene da emoção
Responsável
Pelo amor, ódio, indiferença
Poder, vaidade, ambição
E o encontro
No lixo em profusão
Deleto todo ele na esperança
De gerar um novo ser
Livre para celebrar
A vida numa nova dimensão
Manipulo o DNA
Para agora gerar
Um ser com inata inocência
E para minha surpresa
Concebo em uma só leva
Adão e Eva.

Quero entender a sua ética emocional
Sem ser aético profissional
Saber como faz suas escolhas
E como as administra
Ao confrontar sentimentos alheios.
Tento ser isento
Nesse campo volátil
Uso máscaras e luvas de proteção
Para isolar o amor líquido
Que nos iguala.
Busco inspiração
Para medir o fator de impacto
De cada palavra sua
No meu coração.
Se descobrirmos
Como a ilusão afeta
Todo projeto de afeto
Ganhamos o Nobel da imperfeição!
E se concluirmos
Que não há mais nada a sentir
O que será de nós dois?

Identifico uma nova mutação da ilusão
Tomo você como se fosse alucinógeno
Aliciado pelo canto de suas sereias
Sei que vou voltar a ser eu mesmo
Mesmo enlouquecido pela mais forte emoção.
Vejo estilhaços de sentimentos
Rejeitos de afetos boiando em solução
Sinto meu ser sendo centrifugado
Até dele se separarem dor e temor
Gota a gota, o meu sangue diluído
Alimenta o seu mais ousado experimento
Ao transformar-me em instrumento
Máquina de replicar impudor
Pedaços de mim são incinerados
E o que não é descartado
Fica congelado.
Cessada a alucinação
Síntese de olhares e gestos triturados
Acordo inteiro e renovado
Livre para buscar um novo amor.

Emotional Canvas

Na tela branca
Imagino teus labirintos
Busco razões para percorrê-los
Traço metas
Concebo um cronograma
Tento antecipar cenários
Obstáculos e oportunidades
Antes de me aventurar
A esboçar um sorriso.
Súbito percebo
Falta paixão
A este projeto de afeto.
Numa nova tela
Pincelo emoções
Traço carinhos
Coalesço corações.

Busco no mínimo
Ser produto viável
Para tanto me submeto
A todo tipo de teste
Incluindo a indispensável exposição
Ao coração humano.
Sinto-o pulsar
Como se fosse um quasar
Que me suga para dentro
E me faz desafiar
As mais altas pressões
Dilacerantes indecisões.
Revelo-me um ser
Original e promissor
Apto a amar
Sem ser percebido
Ao saber ouvir
O mudo olvido
Medo subliminar
De manifestar-se sentimentos.
Almejo ser opção, entrega
Hábil portabilidade
Aplicativo cativo
Fidelidade afável
Desejável intuito
Flexível e gratuito.

POEMAS CUBANOS

Amor e Desencanto

Yo nunca he estado tan cercano a mi mesmo como en Cuba.

Yo enfrenté la indiferencia, pero sin nunca ser indiferente al amor.

Vou desativar meus devaneios
Apagarei todos os arquivos
Que me fazem lembrar
O teu esquivo olhar
O sorriso inverossímil
O gesto incompleto
Insaciável bolha de ilusão.
Viverei sem temor
Transfigurada e genuína
Alquimia do afeto.

Fiz uma cultura de emoções
Testo uma nova droga
Tento demonstrar
Algo essencial
Indistinguível do silêncio.
Ah como tudo seria belo
Se um olhar singelo
Acariciasse o meu coração!

Tentei apagar
O teu perfil
Algo sutil
Não me sai do coração
Já devia ter calado
O silêncio da emoção.
Quero me libertar
Do teu olhar
Encanto persistente
Que me faz refém
De descabida ilusão.

Algo corrompeu a alegria
Tornou-a tão fria
Sinônimo de escuridão.
Sua cálida afeição
Sem nenhuma pretensão
Senão ser desapego
Que alivia e acaricia
E dá sossego ao coração
Tornou-se apenas
Desencanto, desilusão.

Serei capaz
De acariciar a superfície do medo
Limiar da dor?
Terei coragem para tanto?
Superarei o espanto
E o converterei em encanto
Numa flor
Num sorriso
Cálido clamor?

Quando percebi
O meneio de teus cabelos
Teu olhar a me acariciar
Como me senti inteiro
Feliz com a proeza
De estar vivo.

(La Habana, a la noche cuando cenava, 08 mar. 2016)

Dois sonâmbulos
O silêncio afaga
Para o amor se despertam
Perspicaz e terno
Fugaz e eterno.
Um sorriso
Lábios se tocam
Mãos se entrelaçam
Carinhos se tecem.

(La Habana, 09 mar. 2016)

Quanta coisa enterrada
Dentro de mim
Que preciso exumar
Para renascer.
Tão fundo se encontra
Sigo cavando
Todos os dias
Sem nunca renunciar
A esse enorme espanto
Sublime acalanto
Visceral incerteza
Incontido sorriso
Uma vontade infinita
De querer amar
E enfim desfazer
O que me acorrenta
A mim mesmo.
Será você
Este ser que me espanta
Cálida e inconstante
Luz remota
Caminho sem volta
Perfume suave
Deliciosa brisa
Ilha perdida
Delicada flor
Garoa refrescante
Recôndito e tão próximo amor?

(La Habana, mi última noche en Cuba, 12 mar. 2016)

Amor de aluguel

Será para ti ou para outra o que me inspiras?

Caminhamos
Em margens opostas?
O tempo
Tirânico e voraz
Nos ata ao limiar
Do medo, da obscuridade e incerteza
Não importa, te quero
Ainda que oblíqua
Miragem de muda sereia
Encanto, súplica, espanto
Suplício e promessas de afeto
Melancólica alegria infundada
Nau dilacerada aportada
Num recanto imaginário.
Conseguirei desvendar
Teu impecável canto
Penumbra pulsante, onipresente ausência?
Só em teu silêncio
Vive a mulher cálida
Que existe em ti?

(En alguna parte de los cielos de Brasil, 13 mar. 2016)

E agora...
Eis-me alforria
Escrevi o que queria
Para ti
Passada a euforia
Sobra-me o gosto
De alegria
A vontade de viver
Um novo dia.
Te serei eternamente grato
Pelo insensato ato
De calar em mim
Diluída ilusão.

(Después de leer tus antiguos poemas, 13 jun. 2016)

MISCELÂNEA

Exibe todas suas faces
Inteira, exuberante
Meia, minguante
Penumbra
Por um instante
Rósea
Misto de nascente e ocaso
Banhada de sangue
Como se acabasse
De nascer.
Estarei presente
Quando renascer?
Inteira, límpida, radiante
Lua
Acolhe o meu olhar distante!

Breviário de mal-entendidos

Gélida afeição
Angelical perversão
Simpática antipatia
Pérfida alegria
Gentil morbidez
Suave rispidez
Cortante carícia
Sublime imperícia
Superficial penetrante
Solidária degradante
Êxtase horror
Encanto dissabor
Densa porosidade
Degenerada generosidade
Carinho espinhoso
Vazio substancioso
Libidinosa moral
Espiritualidade carnal
Sórdido sorriso
Palavreado conciso
Possessivo desapego
Insalubre aconchego.

Amor peçonhento

Atrai, deliciosa fruta
Injeta no olhar
Suave veneno
Dilacera a emoção
Aderente miragem
Desova voragem, vertigens
Desafoga desejos
Inexorável volúpia
Irresistível quimera.

Ulisses aporta no presente
Surpreende-se ao reconhecer
Ninfas e sereias em exóticos trajes
Desacompanhadas de monstros míticos
Munidas do olhar insinuante, canto aliciante
Exuberante sensualidade, desejo sem pejo.
Sem remadores imunes ao irresistível charme
Rema a própria incerteza
Exposto à mais forte correnteza
Adentra os rincões do coração
Derradeiro bastião do afeto
Veto seleto vulnerável à volúpia
Ancorado no olhar ingênuo
Banhado por gestos e acenos imprecisos
Suspiros, sussurros
Intrigantes lamentos.
Perdido em si mesmo
Combate à esmo
Intriga, perdição, ruína
Impulsiona-o selvagem coragem
Ante lascivos lábios
Minuciosa mão
Preso à teia da impotência
Do silêncio extrai vigor e se ultrapassa
Deixa para trás a superfície lassa
Porosidade macia, delicada e suave.
Ei-lo atento à inesperada esperança
Que mesmo escassa, a alma alcança
Brio incrustado no breu
Esboço da face humana
Ruma ao imperscrutável Eu.

Inacabada construção
Abandonada: corpo
Plangente plágio
Ópera de dor
Vício de viver
Conviva do silêncio
Dissidente dilema
Inaudível lema
Flexível inflexão
Exasperada exaustão
Sutil acalanto
Fugaz espanto.

Sedução

Dado viciado
Mutila sentimentos
Municia febril fantasia
Deslumbre, transe
Alicia convulsas ilusões
Inunda o silêncio
Sequiosa, inebriante imersão
Desafogo seminal
Resoluto fogo absoluto
Obsessiva, opressiva opção pelos sentidos.

Amor insepulto
Jaz num coração
Do tamanho do mundo.
Impossível sepultá-lo?
Ainda pulsa vida?
Terá algo mais
Que alguém sensível
Possa sentir?
Requer este amor
Um perfume diáfano
Um olhar afetuoso
Um último carinho?

Recomeço

Amanheci com o Sol dentro de mim
Pendurei-o no céu
E fiquei ao léu
Pensando na vida
Ideando a ida sem volta
Quando, encantado
Adormecerei para sempre.
Retornei ao mundo
Respirei fundo
Era hora de acertar o relógio.
Eis-me recomeço
Menino travesso
Posso agora ver
Brinco de viver.